LE MEXIQUE

DEVANT LES CHAMBRES

PAR

M. GEORGES JAURET

PARIS

LIBRAIRIE DE E. DENTU, ÉDITEUR,

PALAIS-ROYAL, GALERIE D'ORLÉANS, 17 ET 19.

SOMMAIRE

LE MEXIQUE DEVANT LES CHAMBRES

I

Le 5 et le 6 janvier 1862, les premiers navires de la France, de l'Espagne et de l'Angleterre, apparaissaient devant la rade de Vera-Cruz. L'Espagne, pour son compte, avait envoyé un fort contingent ; ses troupes de débarquement montaient à 7,000 hommes. Le chiffre des troupes françaises était beaucoup plus modeste ; il atteignait à peine 2,500 hommes ; et enfin le détachement anglais comptait un peu plus de 700 baïonnettes.

La ville était évacuée avant même qu'une démonstration fût tentée contre le fort de Saint-Jean d'Ulloa. Les alliés en prirent rapidement possession.

Ici commence une série de laborieuses négociations, qui aboutirent à la convention de Soledad, le 19 février 1862. Mais cette convention fut désavouée à Paris, dans une note solennelle publié le 2 avril par le *Moniteur* ; tous les pouvoirs diplomatiques furent concentrés entre les mains de M. Dubois de Saligny ; ce désaveu devint le prétexte d'une rupture entre les alliés, et bientôt après le général Lorencez, à la tête du corps français doublé par des renforts, allait se heurter à Puebla, le 5 mai, contre le monastère de Guadalupe, transformé en citadelle,

A chaque pas que nous faisions ainsi sur le territoire mexicain, nous nous trouvions plus profondément engagés. Un lambeau de vêtement pris dans l'engrenage devait entraîner le corps tout entier. Nous commençons par vouloir protéger les intérêts de nos nationaux ; à Puebla apparaît l'honneur du drapeau qui demande vengeance ; à Mexico, nous verrons surgir les exigences de l'amour-propre national, qui ne veut point faillir à une œuvre commencée.

Le général Forey, emmenant avec lui des renforts, remplace le général Lorencez et s'embarque à Cherbourg le 30 juillet. Il organise ses colonnes, et, le 15 février 1863, neuf mois après l'échec de Guadalupe, il se décide à prendre l'offensive. Il avait avec lui vingt mille hommes. Le siége de Puebla commençait le 18 mars, et le 18 mai la ville et ses défenses étaient prises. Enfin, le 10 juin, le général Forey faisait son entrée dans la capitale.

Nous touchons à la période décisive. La junte des notables est réunie ; et le 3 octobre 1863, une députation part pour Miramar, à l'effet d'offrir la couronne impériale à l'archiduc Maximilien. Le candidat au trône restauré du Mexique subordonne son acceptation à la volonté formellement exprimée par le peuple; on lui communique le résultat de ce vote, le 10 avril, et il annonce enfin aux délégués mexicains son avènement. Le 14 avril, il s'embarquait à Miramar pour Vera-Cruz. Le sort en est maintenant jeté ; c'est de ce moment-là seulement que date l'expérience décisive, et que commencent à éclore, pour la France, les fruits amers de l'intervention.

II

Au dessous de cette histoire des incidents militaires, il en existe une autre profonde, entrecoupée d'accidents imperceptibles et confus, dissimulés systématiquement par des réserves calculées, et par ce que l'on est convenu d'appeler les exigences diplomatiques. Cette dernière est pourtant la plus intéressante à connaître ; car elle seule donne de la valeur aux faits, en trahissant la pensée secrète qui les a dirigés ou produits.

Le Mexique, il faut se hâter de le dire, comme préface à l'œuvre entreprise par notre armée, est un pays à part. Vis-à-vis de ses gouvernements, il procède par voie de *pronunciamentos*, comme l'Espagne dont il a gardé certaines mœurs politiques. L'instabilité était, au moment de notre expédition, l'état normal des divers pouvoirs qui se heurtaient, se combattaient et se remplaçaient.

Cela s'explique : le peuple mexicain, sans être un peuple brave, est un peuple remuant. Les guerres soutenues pour l'indépendance lui ont donné l'habitude des armes et comme un besoin de luttes intestines.

Enfin, le Mexique s'étend sur un vaste territoire, dont les parties sont fort mal reliées les unes aux autres. L'absence de routes, les difficultés de communications en ont fait un pays un peu fédéralisé, et tout au moins assez morcelé, pour que le parti vainqueur, obligé de rayonner sur un espace restreint, soit condamné à rencontrer sans cesse, dans un des coins reculés de l'empire ou de la république, une résistance, qui s'appelle, un jour, Santa-Anna, un peu plus tard Miramon, et aujourd'hui Juarez.

Telles étaient les difficultés que nous nous condamnions à vaincre en signant la convention du 31 octobre 1861.

III

La pensée d'une expédition française apparaît pour la première fois dans une dépêche de M. Dubois de Saligny, datée de Mexico, le 18 avril 1861. Cette dépêche s'exprime ainsi :

« Dans l'état d'anarchie, on pourrait dire de décomposition sociale, où se trouve ce malheureux pays, il est bien difficile de prévoir la tournure que prendront les événements. Une seule chose me paraît démontrée, c'est l'impossibilité de rester dans le *statu quo*.

» Tout indique que nous touchons à une nouvelle

révolution. Dans cette situation, il me paraît absolument nécessaire que nous ayons sur les côtes du Mexique une force matérielle suffisante pour pourvoir, quoi qu'il arrive, à la protection de nos intérêts. »

Il ne s'agit, on le voit, que d'une démonstration protectrice et en quelque sorte négative, qui écarte l'intervention bien plus encore qu'elle ne l'affirme.

Dans sa dépêche du 12 juin 1861, M. Dubois de Saligny accentue sa pensée et lui donne des allures plus décisives. Il ne s'agit plus d'une simple *protection*, il s'agit de *réclamations* à imposer par la force. Il est dit dans cette dépêche :

« Il me reste à ajouter que j'ai peu de confiance dans la nouvelle administration ; que la position de ce gouvernement me paraît d'ailleurs si précaire, que je crois plus que jamais à la nécessité de prendre sans retard nos précautions et de nous mettre en mesure d'appuyer au besoin par la force la justice de nos réclamations. »

Dans la dépêche du 27 juillet, M. de Saligny annonçait à M. Thouvenel, que le 23, d'accord avec sir Charles Wyke, il avait rompu les relations avec le gouvernement de Juarez.

Quant à M. Thouvenel, il admet la nécessité d'une réparation à obtenir, d'indemnités à imposer, mais il n'entrevoit pas encore, pas même comme une éventualité lointaine, le projet ou seulement la pensée de renverser le gouvernement républicain de Juarez. Voici en quels termes remarquablement sages notre ministre des affaires étrangères résume ses instructions, dans une dépêche partie de Paris le 5 septembre 1861, et adressée à M. Dubois de Saligny :

« Le gouvernement de l'empereur donne une entière approbation à votre conduite, et proteste de la manière la plus formelle contre celle du gouvernement de Juarez... Il importe que ce gouvernement n'ignore pas l'impression du gouvernement de l'empereur, et qu'il soit édifié sur ce que nous exigeons de lui. Vous aurez donc à lui déclarer que la suspension du paiement des conventions étrangères de quelque prétexte qu'on le couvre est, de notre part, l'objet de la plus vive réprobation, et que nous demandons le retrait immédiat de la loi du 17 juillet dernier. Vous ajouterez que nous réclamons l'établissement, dans les ports de Vera-Cruz et de Tampico, de commissaires que nous désignerons et qui auront pour mission d'assurer la remise, entre les mains des puissances qui y ont droit, des fonds qui doivent être prélevés à leur profit, en exécution des conventions étrangères sur le produit des douanes maritimes du Mexique. Si le gouvernement mexicain se refuse à accepter ces conditions, vous devrez, monsieur, quitter sans délai Mexico, avec tout le personnel de la légation de Sa Majesté. »

Enfin, le 30 octobre, veille du jour où fut signée la fameuse convention entre la France, l'Angleterre et l'Espagne, M. Thouvenel adressait à M. de Saligny une nouvelle dépêche qui annonce, d'une façon à peu près définitive, l'expédition, les conditions dans lesquelles elle doit être entreprise, et le but que les trois puissances paraissent vouloir lui assigner.

« L'empereur, dit M. Thouvenel, a décidé qu'une division navale placée sous le commandement du contre-amiral Jurien de la Gravière aurait mission de se rendre dans le golfe du Mexique pour y obtenir les satisfactions, qui, après un dernier examen de la situation, paraissent exigées par le soin de notre dignité et par les violences de toute nature auxquelles nos nationaux sont en butte. Le gouvernement de l'empereur n'agira pas seul. Le gouvernement de Sa Majesté Britannique et celui de Sa Majesté Catholique se proposent de joindre leurs forces à celles que nous destinons à cette expédition. »

Ici, pour bien éclairer la situation, nous sommes forcé de nous arrêter et de demander à son tour à l'Espagne l'histoire sommaire de ses projets vis-à-vis du Mexique. On verra que la politique française n'a fait que céder aux sollicitations venues de Madrid. Les griefs de cette puissance remontent plus haut encore que les nôtres : dès le mois d'avril 1860, avant le triomphe définitif de Juarez, nous trouvons les premières protestations diplomatiques de M. Pacheco, le ministre d'Espagne au Mexique. On verra tout à l'heure comment ce germe fatal a porté son fruit.

IV

Marchons avec les faits !

Au mois d'avril 1860, comme le rappelle M. Calderon Collantes dans sa dépêche à M. Mon du 23 octobre 1861, l'Espagne avait eu le projet d'une expédition collective qui aurait abouti, du moins dans la teneur du programme. à l'établissement d'un *gouvernement régulier et durable*, selon l'expression stéréotypée de la diplomatie lors des débuts laborieux de cette question. Mais ses résolutions définitives ne furent prises que vers la fin d'août 1861. A partir du mois de septembre, le gouvernement multiplie ses communications à Londres et à Paris, et à la date du 10 décembre, M. Isturitz écrit de Londres à son gouvernement qu'il « n'y a rien encore d'arrêté entre l'Angleterre et la France pour intervenir dans les affaires du Mexique.» On l'a remarqué, c'est seulement le 30 octobre, dans la dépêche de M. Thouvenel à M. Dubois de Saligny, que la diplomatie française révèle l'existence de négociations, pour la conclusion d'une convention qui doit être signée le lendemain, et c'est le 23 du même mois, que M. Calderon Collantes en discute déjà la rédaction dans une dépêche qu'il adresse à M. Mon, ambassadeur d'Espagne à Paris

Quoi qu'il en soit de ces dates, précipitons notre récit de façon à arriver rapidement à la partie féconde et instructive de cette histoire. Qu'importe, d'ailleurs, que l'initiative de l'expédition soit partie de Madrid, de Paris ou de Londres. Cette question d'initiative a disparu le jour où les trois puissances ont solennellement apposé leur signature au bas de la convention du 31 octobre. A partir de ce jour. les responsabilités de l'expédition

cessent d'être successives et personnelles
il n'y a plus qu'une action et qu'une responsabilité.

Aujourd'hui, la situation a complétement
changé d'aspect. La convention a été abandonnée, la France est restée seule à Vera-
Cruz, en face du Mexique. Nous n'avons pas
à apprécier la conduite de l'Espagne et de
l'Angleterre se retirant tout à coup après la
convention de Soledad ; à quoi nous mène-
raient ces appréciations ? Mais notre expédition a atteint des résultats ; reste à savoir
si ces résultats ont été voulus, ou cherchés,
ou prévus. Et pour la solution même de la
question mexicaine , il n'est certainement
pas sans intérêt de savoir si depuis le 31 octobre 1861 jusqu'au 10 avril 1863, la politique française, dans les affaires du Mexique,
a toujours été fidèle à elle-même et si elle a
offert le spectacle d'une constante unité.

Il n'est plus douteux pour nous que, dans
le déroulement de cette question, il y a deux
ordres de faits : les faits apparents, tangi-
bles, et ceux qui échappent au vulgaire ; il y
a la *lettre* et l'*esprit*.

V

Consultons les apparences, nous arrive-
rons facilement à nous convaincre que jamais la France n'a eu, ostensiblement du
moins, la pensée d'exercer une action quelconque sur une transformation gouverne-
mentale au Mexique. La convention du 31
octobre, porte à l'article 1er :

« ... Les commandants des forces alliées seront
autorisés à accomplir les autres opérations qui seraient jugées sur les lieux les plus propres à réaliser le but spécifié dans le préambule de la présente
convention, et notamment à assurer la sécurité des
résidents étrangers. »

M. Calderon-Collantes pousse en cette
circonstance la susceptibilité si loin, qu'il

demande, dans sa dépêche du 23 octobre à
M. Mon, la suppression de la fin de l'article
à partir du mot *préambule*.

« De cette façon, dit-il, le but de la convention ne serait pas obscur. »

Passons à l'article 2, le plus explicite assurément :

« Art. 2. Les hautes parties contractantes s'engagent à ne rechercher pour elles-mêmes, dans l'emploi des mesures coercitives prévues par la présente convention, aucune acquisition de territoire, ni aucun avantage particulier, et à n'exercer, dans les affaires intérieures du Mexique, aucune influence de nature à porter atteinte au droit de la nation mexicaine de choisir et de constituer librement la forme de son gouvernement. »

Répétons-le, cet article est fort explicite ; mais il le paraît bien plus encore, quand on a sous les yeux les commentaires qu'il a rencontrés dans les déclarations officielles et dans les faits. Le premier de ces commentaires et certainement l'un des plus décisifs, nous le trouvons dans un document diplomatique émané de Washington et signé du nom de M. Seward.

A l'action commune, les trois puissances européennes, sur l'initiative de l'Angleterre, voulurent joindre la coopération du gouvernement fédéral. La diplomatie des trois puissances frappa à la porte du cabinet de Washington, et le secrétaire d'Etat des affaires étrangères répondit aux appels diplomatiques de l'action commune par une dépêche datée de Washington, 4 décembre 1861 : cette dépêche commence par reproduire presque textuellement la convention du 31 octobre, et puis elle formule les vues des Etats-Unis sur chacun des articles de la convention. Ce que M. Seward dit de l'article 2 est surtout intéressant à noter :

« Les Etats-Unis, dit M. Seward, ont un haut intérêt, — et ils sont heureux de penser que cet intérêt leur est commun avec les hautes parties contractantes et les autres Etats civilisés, — à ce que les souverains qui ont conclu la convention ne cherchent à obtenir ni un agrandissement de territoire ni un autre avantage qui ne seraient pas acquis aux Etats-Unis ou à tout autre Etat civilisé, et qu'ils ne veulent exercer aucune influence au détriment du droit qu'a le peuple mexicain de choisir et d'établir librement la forme de son gouvernement.

» Le soussigné réitère à cette occasion l'expression de sa satisfaction, puisée dans la déclaration des hautes parties contractantes, qu'elles reconnaissent cet intérêt, et il est autorisé par la satisfaction du président des Etats-Unis. »

Il est évident, d'après ces déclarations de l'homme d'Etat américain, que les trois puissances ont dû commenter à Washington la convention du 31 octobre dans un sens tout à fait rassurant pour la souveraineté nationale et pour la sécurité des institutions républicaines au Mexique.

M. Seward ajoute ces déclarations caractéristiques :

« Il est vrai que les Etats-Unis ont aussi des griefs contre le Mexique, comme le supposent les hautes parties contractantes. Après mûre réflexion, le président est d'avis cependant qu'en ce moment il n'y aurait pas moyen de demander satisfaction de ces griefs par un acte d'accession à la convention. Parmi les raisons qui ont inspiré cette décision, et que le soussigné est autorisé à communiquer, il mentionnera :

» 1° Que les Etats-Unis préfèrent, autant que cela est possible, maintenir cette politique traditionnelle recommandée par le père de leur pays et confirmée par une heureuse expérience, qui leur défend de faire des alliances avec des nations étrangères;

» 2° Le Mexique étant un voisin des Etats-Unis sur ce continent, et possédant, quant à quelques-unes de ses plus importantes institutions, un système de gouvernement analogue au nôtre, les Etats-Unis professent des sentiments d'amitié envers cette république, et prennent un vif intérêt à sa sûreté, à son bien-être, à sa prospérité. Animés de ces intentions les Etats-Unis ne sont pas disposés à avoir recours à des mesures coërcitives pour satisfaire à leurs griefs dans un moment où le gouvernement mexicain est profondément ébranlé par des dissensions intérieures, et où il est menacé d'une guerre à l'extérieur. Ces mêmes sentiments empêchent les Etats-Unis, avec plus de raison encore, de participer à une alliance en vue d'une guerre contre le Mexique. »

Le ministre d'Etat de Washington aurait bien autrement répondu, si les trois puissances avaient laissé percer dans leurs communications quelque-arrière pensée de restauration dynastique. Ces arrière - pensées existent déjà depuis longtemps, comme nous le verrons plus loin ; mais elles se dissimulent, elles s'effacent, elles s'échangent dans le mystère des conversations diplomatiques et attendent le droit de s'afficher, de la complaisance des faits et de l'attitude des Mexicains.

M. Calderon-Collantes adresse des instructions au capitaine général de l'île de Cuba. Il ne s'agit que de trois points à imposer au Mexique : 1° une satisfaction solennelle pour l'expulsion de l'ambassadeur espagnol ; 2° l'exécution du traité signé à Paris entre Mon et Almonte ; 3° l'indemnité. Rien encore de la perspective d'une restauration monarchique.

De son côté, M. Thouvenel, à la date du 11 novembre 1861, envoie ses instructions au contre-amiral Jurien de la Gravière. Il lui indique d'abord les motifs de l'expédition ; il lui trace la sphère d'attributions dans laquelle il devra se mouvoir, les conditions qui devront être imposées à ce gouvernement de Juarez, avec qui, évidemment, les plénipotentiaires sont encore autorisés à traiter. Ce n'est que plus tard que M. Dubois de Saligny et M. Jurien de la Gravière connaîtront officiellement la condamnation irrévocable qui pèse déjà sur la république mexicaine.

« Les forces combinées des trois puissances, dit M. Thouvenel à M. Jurien de la Gravière dans sa note du 11 novembre, arrivées sur les côtes orientales du Mexique, vous aurez, comme je l'ai dit, à réclamer la remise entre vos mains des ports de ce littoral. A la suite de cette démarche, deux alternatives peuvent se produire : ou l'on résistera à votre sommation, et alors il ne vous restera qu'à concerter sans délai, avec les commandants alliés, la prise de vive force de ces ports; ou bien les autorités locales renonceront à vous opposer une résistance matérielle, mais le gouvernement mexicain se refusera à entrer en relations avec vous... »

On le voit, M. Thouvenel continue à admettre l'hypothèse d'un arrangement avec Juarez, et, par conséquent, le maintien des institutions républicaines. Cela s'accorde difficilement, il est vrai, avec les conversations diplomatiques qui sont au même instant échangées entre Paris et Madrid, et qui ouvrent les perspectives d'un établissement monarchique à Mexico ; mais nous aurons occasion tout à l'heure de toucher à cette face mystérieuse et discrète des faits ; continuons, pour le moment, à raconter les buts avoués et à exposer les apparences.

M. Thouvenel continue ainsi :

« Renouvelant une tactique employée par l'un de ses prédécesseurs dans la guerre avec les Etats-Unis, Juarez se retirerait au besoin dans l'intérieur du pays. Les puissances alliées ne sauraient se laisser tenir en échec par un pareil expédient. L'intérêt de notre dignité et des considérations puisées dans les circonstances climatériques du littoral se réunissent pour exiger un résultat prompt et décisif... Le gouvernement de l'empereur admet que, soit pour atteindre le gouvernement mexicain, soit pour rendre plus efficace la coercition exercée sur lui par la prise de possession de ses postes, vous puissiez vous trouver dans la nécessité de combiner une marche dans l'intérieur du pays, qui conduirait, s'il le fallait, les forces alliées jusqu'à Mexico même. »

La marche sur Mexico n'est donc envisagée ici qu'à titre d'éventualité.

La fin de la dépêche mérite d'être intégralement reproduite ; nous citons textuellement :

« Les puissances alliées ne se proposent, je vous l'ai dit, aucun autre but que celui qui est indiqué dans lla convention ; elles s'interdisent d'intervenir dans les affaires intérieures du pays, et notamment d'exercer aucune pression sur les volontés des populations, quant au choix de leur gouvernement. Il est cependant certaines hypothèses qui s'imposent à notre prévoyance et que nous avons dû examiner. Il pourrait arriver que la présence des forces alliées sur le territoire du Mexique déterminât la partie saine de la population, fatiguée d'anarchie, avide d'ordre et de repos, à tenter un effort pour consituer dans le pays un gouvernement présentant les garanties de force et de stabilité qui ont manqué à tous ceux qui s'y sont succédé depuis l'émancipation. Les puissances alliées ont un intérêt commun et trop manifeste à voir le Mexique sortir de l'état de dissolution sociale où il est plongé, qui paralyse tout développement de sa prospérité, annule pour lui-même et pour le reste du monde toutes les richesses dont la Providence a doté un sol privilégié, et les oblige elles-mêmes à recourir périodiquement à des expéditions dispendieuses pour rappeler à des pouvoirs éphémères et insensés les devoirs des gouvernements. Cet intérêt doit les engager à ne pas décourager des tentatives de la nature de celles que je viens de vous indiquer, et vous ne devriez pas leur refuser vos encouragements et votre appui moral, si, par la position des hommes qui en prendraient l'initiative et par la sympathie qu'elles rencontreraient dans la masse de la population, elles présentaient des chances de succès, par l'établissement d'un ordre de choses de nature à assurer aux intérêts des résidents étrangers la protection et les garanties qui leur ont manqué jusqu'à présent. Le gouvernement de l'empereur s'en remet à votre prudence et à votre discernement pour apprécier, de concert avec le commissaire de Sa Majesté, dont les connaissances acquises par son séjour au Mexique vous seront précieuses, les événements qui pourront se développer sous vos yeux et pour déterminer la mesure dans laquelle vous pourrez être appelé à y prendre part.

» Signé : THOUVENEL. »

C'est ici qu'apparaît pour la première fois au grand jour, dans un document officiel et qui doit fatalement avoir son heure de publicité, la pensée du gouvernement français au sujet d'une restauration éventuelle de la royauté à Mexico. Mais ces perspectives sont encore si peu avouées et peut-être même si peu caressées, que les plénipotentiaires français, à peine installés sur le sol mexicain, sont autorisés à envoyer à Juarez un ultimatum qui résume tous les griefs de la France sous forme de conditions imposées, et qui se termine par un article 9 ainsi conçu :

« Article 9. En garantie de l'accomplissement des conditions financières et autres posées par le présent ultimatum, la France aura le droit d'ocuper les ports de la Vera-Cruz et de Tampico et tels autres ports de la République qu'elle croira à propos, et d'y établir des commissaires désignés par le gouvernement impérial, lesquels auront pour mission d'assurer la remise entre les mains des puissances qui y auront droit, des fonds qui doivent être prélevés à leur profit, en exécution des conventions étrangères, sur le

produit des douanes maritimes du Mexique, et la remise entre les mains des agents français des sommes
dues à la France.

» Les commissaires dont il s'agit seront, en outre,
investis du pouvoir de réduire, soit de moitié, soit
dans une moindre proportion, suivant qu'ils le ju-
geront convenable, les droits actuellement perçus
dans les ports de la République.

» Il est expressément entendu que les marchan-
dises ayant déjà acquitté les droits d'importation ne
pourront, en aucun cas, ni sous aucun prétexte que
ce soit, être soumises par le gouvernement suprême
ni par les autorités des États, à aucuns droits addi-
tionnels de douane intérieure ou autres, excédant la
proportion de quinze pour cent des droits payés à
l'importation. »

Il résulte de cet article que les commissaires français écartent tout projet hostile au
gouvernement et sont disposés à traiter avec
Juarez.

VI

On attendait avec impatience, au mois de
janvier 1862, l'ouverture de la session. Le
discours impérial devait nécessairement jeter quelque lumière sur cette expédition du
Mexique autour de laquelle des bruits, venus de tous les points de l'horizon, accumu-
laient déjà des nuages. L'empereur ouvre la
session de 1862 le 27 janvier, et il s'exprime ainsi au sujet du Mexique :

« ... Nous ne serions en lutte avec personne, si, au
Mexique, les procédés d'un gouvernement sans scru-
pule ne nous avaient obligés de nous réunir à l'Espagne et à l'Angleterre pour protéger nos nationaux
et réprimer des attentats commis contre l'humanité
et le droit des gens. »

Donc, dans les données du discours impérial, il ne s'agit que d'un de ces conflits si
fréquents, pendant la première moitié du
siècle, au delà de l'Océan. Des nationaux à
protéger, des attentats à réprimer, tel est le
programme sage, modeste et réalisable, dans
ces limites restreintes, qu'affiche et qu'avoue
solennellement la politique impériale.

Tout à l'heure s'ouvriront les débats de
l'adresse ; des bruits étranges circulent au

sujet de nos vues sur le Mexique et trouvent
de l'écho jusqu'au sein du Corps législatif.
On parle vaguement d'arrière-pensées monarchiques, de démarches faites officieuse-
ment auprès d'un prince de la maison de
Habsbourg ; le groupe des Cinq s'émeut, et
il présente cet amendement significatif :

« Nous voyons avec regret commencer l'expédition du Mexique. Son but paraît être d'intervenir
dans les affaires intérieures d'un peuple. Nous enga-
geons le gouvernement à ne poursuivre que la réparation de nos griefs. »

M. Jules Favre développe cet amendement;
il déclare admettre que l'on poursuive la
réparation de nos griefs, mais il s'alarme de
ce que le nom de Maximilien est déjà prononcé, et jusque dans les régions diplomatiques. En effet, déjà le 24 janvier 1862, lord
Cowley écrivait à lord John Russell :

« J'ai entendu dire de tant de côtés que les officiers
qui se rendent au Mexique avec des renforts disent
qu'ils y vont dans le but de placer l'archiduc Maximilien sur le trône du pays, que j'ai cru nécessaire
de questionner M. Thouvenel à ce sujet.

» Je lui ai demandé si des négociations étaient
pendantes entre la France et l'Autriche au sujet de
l'archiduc Maximilien. Son Excellence m'a répondu
négativement. Elle m'a dit que les négociations a-
vaient été entamées par des Mexicains seuls, qui
s'étaient rendus à Vienne dans ce but. »

Il faut reconnaître que cette candidature,
naguère, encore si discrète, si étouffée, si si-
lencieuse, si modeste, si absolument écartée
de tous les documents, avait bien vite fait son
chemin, puisque, trois jours après la dépêche de lord Cowley, lord John Russell pouvait écrire, le 27 janvier 1862, au plénipotentiaire anglais au Mexique :

« Monsieur, j'ai reçu vos dépêches du 18 et du 28
novembre, et je les ai mises sous les yeux de la reine. Depuis que je vous ai écrit, l'empereur des Français a décidé d'envoyer 3,000 hommes de plus à la
Vera-Cruz.

» On suppose que ces troupes marcheront sur Mexico avec les troupes françaises et espagnoles qui sont
déjà au Mexique. On dit que l'archiduc Ferdinand-
Maximilien sera invité par un grand nombre de Mexi-

cains à monter sur le trône du Mexique, et que le
peuple mexicain sera joyeux de ce changement dans
la forme de son gouvernement.

» J'ai peu à ajouter à mes premières instructions à
ce sujet. Si le peuple mexicain, par un mouvement
imultané, place l'archiduc autrichien sur le trône du
Mexique, nous n'avons pas à l'en empêcher; cela n'est
pas dans notre convention.

» D'un autre côté, nous ne pourrions prendre part
à une intervention par la force dans ce but : les Mexicains doivent consulter leurs propres intérêts.

Et cela s'écrivait en Europe, cela se disait dans les régions diplomatiques, deux
mois avant que nos plénipotentiaires cher-
chassent à traiter avec Juarez et lui adres-
sassent un ultimatum. Il y a là un mystère
que dégagera, du reste, complétement une
étude contradictoire de la question.

C'est M. Billault qui avait, à cette époque,
le ministère de la parole ; c'est lui qui dut
rassurer les alarmes de l'opposition. L'ora-
teur officiel est très net, très précis, très affirmatif ; M. Jules Favre redoutait un projet
de restauration monarchique, M. Billault lui
répond :

« L'Angleterre et l'Espagne se sont unies à nous.
Les mêmes offres ont été faites aux Etats-Unis; mais
les Etats-Unis ne semblent pas, à l'égard du Mexique, concentrer leurs vues sur une simple réparation du dommage causé. Leur politique voit autrement les choses, et nous nous sommes décidés à
agir sans eux. (Très bien!)

» Mais est-ce que cette réunion des trois puissances
ne devrait pas par elle-même vous rassurer pleine-
ment contre les suppositions particulières dont vous
avez fait la base de votre discours? *Au delà des faits
patents et déclarés, vous persistez à entrevoir je ne
sais quelles machinations secrètes de la France au
profit d'un intérêt étranger.*

» Il faut, quand on affirme de pareilles suppositions,
en avoir au moins quelques preuves, et vous n'en
avez aucune ! »

M. Jules Favre craint que la convention
du 31 octobre ne recouvre quelque ambiguï-
té et ne se prête trop facilement à des interprétations complaisantes; M. Billault lui répond :

« La convention passée entre les trois puissances

est claire et précise : Le but est d'exiger du Mexique :
1° une protection plus efficace pour les personnes et
les propriétés de leurs sujets; 2° l'exécution des obligations contractées envers elles par cette république,
et l'article 2 de cette convention ajoute :

» Les trois parties contractantes s'engagent à ne
rechercher pour elles-mêmes, dans l'emploi des mesures coërcitives prévues par la présente convention,
aucune acquisition de territoire, ni aucun avantage
particulier, et a n'exercer dans les affaires intérieures du Mexique aucune influence de nature à porter
atteinte au droit de la nation mexicaine, de choisir et
de constituer librement la forme de son gouvernement. Tout cela est net, précis ; tout cela exprime
fort clairement et ce que les trois puissances veulent faire en commun, et ce qu'elles s'interdisent de
faire : contre des déclarations si solennelles, quelles
preuves avez-vous donc ? »

M. Jules Favre se demande anxieusement
pourquoi nous irions jusqu'à Mexico ; M. Billault lui répond :

« Vous nous demandez pourquoi aller à Mexico ?
» Messieurs, la situation topographique et hygié-
nique du pays le commande tout autant que les be-
soins de la politique. S'emparer du littoral, et y rester, c'est liver nos troupes à la fièvre jaunc (c'est
vrai ! c'est vrai!), c'est condamner notre action à
l'impuissance : l'anarchie se retrancherait à l'intérieur et se rirait de la France et de ses efforts.

» C'est au cœur même de cette puissance qu'il faut
aller frapper un coup décisif, et, laissant derrrière
nous la fièvre jaune, aller au plus tôt forcer un ennemi moins redoutable qu'elle.

» C'est là, et là seulement, qu'il sera possible d'imposer par la force le respect de nos droits, le respect
de ceux de nos nationaux et l'exécution des obligations depuis trop longtemps contractées envers notre pays. (Très bien !)

» Voilà pourquoi nos troupes vont à Mexico; parties
le 20 février, elles doivent déjà y être. »

M. Billault ne s'arrête pas à ces déclarations ; entraîné par le courant de son éloquence et par les applaudissements qu'il
provoque, il devient plus pressant, plus explicite encore :

« Ce principe que nous proclamons, ce principe
qui est la base de notre droit public, l'indépendance
du vœu populaire et de la souveraineté national e
nous n'irons pas le violer à Mexico ; mais nous lais
serons parfaitement libres ces malheureuses popula
tions pressurées par ces gouvernements dont vou
faites l'éloge et qui n'ont su leur donner aucun de
biens, aucune des sécurités qui sont le droit des so

ciétés civilisées; si elles veulent continuer cette misérable existence, nous ne leur imposerons pas un sort meilleur; mais si ce sort meilleur, elles veulent se le donner elles-mêmes, ah! certes, nous les encouragerons de toutes nos sympathies, de tous nos conseils, de tout notre appui moral. »

Il n'est toujours question que d'un appui moral.

Et pour chasser irrévocablement tous ces bruits ridicules, qui portent prématurément au trône relevé du Mexique l'archiduc Maximilien, pour en finir avec ces fantaisies d'imaginations désœuvrées, avec ces innocentes débauches de la chronique, le ministre jette à la Chambre cet argument décisif :

« Telle est, messieurs, la situation bien nettement expliquée. Et quant à ces bruits qui, dit l'honorable préopinant, donnaient de l'ombrage à l'ambassadeur de Sa Majesté Britannique, permettez-moi de ne pas m'y arrêter. Des officiers, en partant, ont dit qu'ils allaient au Mexique pour y introniser un prince étranger. Quoi! vous imaginez que ce grand secret de la diplomatie, s'il avait jamais existé, on l'eût ainsi livré au premier officier venu partant pour le Mexique ! Tout cela n'est pas sérieux. »

Dans la discussion de l'adresse de 1863, on a accusé M. de Saligny d'avoir poussé le gouvernement français dans la voie d'une restauration monarchique. Nous n'avons pas à défendre notre plénipotentiaire contre ces imputations, mais nous avons à défendre la vérité contre ces conjectures. N'est-ce pas M. de Saligny qui apposait son nom à côté du nom de M. Jurien de la Gravière, au bas de la fameuse convention de la Soledad et donnait l'autorité de son caractère aux articles suivants :

» Art. 1. Le gouvernement constitutionnel, qui est actuellement au pouvoir dans la république mexicaine, ayant informé les commissaires des puissances alliées qu'il n'a pas besoin de l'assistance offerte par elles avec tant de bienveillance au peuple mexicain, parce que ce peuple contient en lui-même des éléments suffisants de force pour se préserver de toute révolte intérieure, les alliés auront recours à des traités pour présenter toutes les réclamations qu'ils sont chargés de faire au nom de leurs nations respectives.

» Art. 2. Dans ce but, les représentants des puissances alliées protestant qu'ils n'ont nullement l'in-
tention de nuire à la souveraineté et à l'intégrité de
la république mexicaine, des négociations seront
ouvertes à Orizaba... »

Ceci s'écrivait le 19 février 1862, et portait
la signature des représentants des puissances alliées. Ils ont été désavoués plus tard ;
mais le fait n'en a pas moins de gravité, en
ce sens qu'il révèle avec éclat la nature des
instructions données à nos plénipotentiaires.
La convention préliminaire de la Soledad est
le commentaire autorisé et officiel de la convention du 31 octobre.

VII

La situation est donc à cette heure clairement établie. Il ressort avec évidence que jusqu'au désaveu officiel de la convention de la
Soledad, le gouvernement français n'a jamais
eu pour but reconnu, pour objectif avoué, la
snppression de la république mexicaine.
L'expédition s'est renfermée, ostensiblement
du moins, dans les sages limites d'une simple revendication. Comment donc a-t-il été
amené à s'écarter de cette politique ? Par
quel jeu d'intrigues a-t-il été poussé à une
croisade monarchique ? Par quelle filiation
d'idées ou de faits a-t-il été conduit à rêver
la résurrection d'une couronne impériale,
au profit de l'archiduc Maximilien ?

Ici, nous craignons de voir la politique française abdiquer sa vieille initiative,
céder aux sollicitations de la cour d'Espagne et se laisser prendre à un réseau d'intrigues tissé par les émigrés ; mais ce n'est
encore qu'une appréhension, et nous laiss-
sons aux faits que nous allons raconter le
soin de la démentir ou de la justifier.

Retournons quelques années en arrière.
Dès le 16 mars 1860, le gouvernement espagnol commence à accentuer ses réclama-

tions vis-à-vis d'un pays « dont la situation ne saurait être plus malheureuse. » Miramon gouvernait alors la république, mais c'est jusqu'en 1858, 24 novembre, qu'il faut remonter pour découvrir la première pensée d'une intervention collective dans les affaires du Mexique. A cette date, M. Mon commence à s'ouvrir à M. Walewski sur la nécessité « d'établir un gouvernement et un pouvoir fermes dans ces contrées. »

Le 3 janvier 1859, M. Mon écrit de nouveau à M. Calderon Collantes en ces termes :

« ...Ma pensée que je n'ai pas été assez heureux pour faire comprendre par Votre Excellence, se réduisait à examiner s'il serait possible d'aider à former au Mexique un gouvernement qui, appuyé au début par les trois puissances, finirait par ne plus avoir besoin d'aucune. »

Ne dirait-on pas que cette dépêche a été écrite la veille de la convention du 31 octobre ?

M. Mon continue :

« Que Votre Excellence m'indique, si c'est possible, la forme qu'il lui paraîtrait devoir avoir, ainsi que les moyens qui pourraient être employés pour atteindre ce but. Nous avons laissé la question à ce point, le comte Walewski et moi, afin de la reprendre quand nous le croirons convenable. »

Le ministre d'Etat, M. Calderon Collantes, écrit le 10 janvier, à M. Mon, qu'il est d'un haut intérêt qu'il se constitue à Mexico un pouvoir fort et durable, mais que, pour pousser le Mexique dans cette voie, les *moyens moraux* et *discussions purement diplomatiques sont suffisants.*

Quant à l'initiative prise dans cette grave question par l'Espagne, elle est incontestablement affirmée dans ces quelques lignes empruntées à une dépêche de M. Calderon Collantes, 18 avril 1860 :

« Très excellent seigneur, Votre Excellence a connaissance des tentatives faites à plusieurs reprises par le gouvernement de Sa Majesté auprès de ceux d'Angleterre et de France, dans le but d'adopter une mesure pour mettre fin à l'anarchie qui épuise la république mexicaine. »

Le ministre d'État de Madrid continue en ces termes :

« Il y a quelque temps, j'ai eu avec M. Barrot, ambassadeur de France à cette cour, une conférence sur cette grave affaire. M. Barrot transmit mes indications au ministère des affaires étrangères de l'empereur, et, ces jours passés, il m'a lu un extrait d'une de ses dépêches, où l'on témoigne que les gouvernements de France et d'Angleterre sont actuellement disposés à combiner leurs efforts afin d'obtenir qu'il s'établisse à Mexico un gouvernement qui soit reconnu par toute la nation, et mette un terme à la situation douloureuse dans laquelle se trouve depuis tant d'années déjà cette malheureuse république.

» M. Thouvenel pense que le meilleur moyen serait de proposer la convocation d'une Assemblée constituante, qui déterminerait d'une façon définitive et stable la forme du gouvernement, et résoudrait toutes les questions pendantes, quelles que fussent leur nature et leur importance.

. . . .

» La volonté de Sa Majesté est donc que Votre Excellence ait une entrevue avec M. Thouvenel, dans le but de chercher les moyens, pour les trois puissances respectives, d'intervenir dans les désordres de la république mexicaine... Le gouvernement de Sa Majesté pense que la simple nouvelle de cette résolution et les premières démarches que l'on fera pour la mener à bien suffiront pour donner courage aux personnes honorables du Mexique et prédisposer les esprits à travailler en faveur de l'établissement d'un gouvernement qui, sans limiter l'exercice des droits légitimes ni les garanties dont ils jouissent dans les pays civilisés, enchaîne pour toujours l'esprit de rébellion qui a caus tant de dommages dans ce malheureux pays. »

Qu'on étudie la gradation ! Il ne s'agit d'abord que d'un pouvoir fort et durable; la forme républicaine n'est pas encore en question. Aujourd'hui 18 avril 1860, on commence à discuter la république; dans deux mois l'Espagne parlera de la nécessité de la forme monarchique; et finalement, à la dernière heure, quand elle croira le terrain suffisamment préparé, nous la verrons, dans une de ses dépêches, hasarder la candidature d'un Bourbon. Et voilà comment, voilà sur quelle pente notre politique a été insensiblement entraînée et a abouti à l'expédition du Mexique.

Les choses en étaient arrivées à ce point, que l'Espagne prit la peine de rédiger un projet de Constitution pour la réorganisation du Mexique et l'expédia en même temps à Londres et à Paris, le 24 mai 1860. Qu'est-ce qui fit avorter ces projets d'intervention si activement caressés par l'Espagne, si complaisamment écoutés par la France, c'est l'accueil froid que leur réservait l'Angleterre.

Le 27 avril 1860, M. Isturitz écrit de Londres à M. Calderon-Collantes :

« En effet, le 27 avril 1860, lord John Russell, pressenti sur la coopération que pouvait prêter l'Angleterre, répondait laconiquement à M. Isturitz qu'il ne la repoussait pas, pourvu qu'il fût «bien entendu que l'emploi de la force ne pourrait pas entrer dans l'exécution » de ces projets. Dans une seconde entrevue, M. Isturitz insiste pour obtenir de lord John Russell une réponse plus explicite : le secrétaire d'Etat explique que, pour sa part, *l'Angleterre exigera la protection du culte protestant ;* « ce à quoi je répliquai, ajoute M. Isturitz, que dans ce cas, l'Angleterre ne devait pas compter sur la coopération de l'Espagne.»

Et M. Thouvenel, en présence de cette attitude réservée de l'Angleterre, semble vouloir reculer de quelques pas ; le 18 mai 1860, il déclare à M. Mon, « que quant à la force » et aux moyens coercitifs, il n'est en aucune » façon disposé à les employer. »

Ce n'est pas tout. A la date du 2 juin 1860, M. Barrot, notre représentant à Madrid, remit au ministre d'État une dépêche, dans laquelle la question de médiation est exposée, d'après les données et les instructions fournies par M. Thouvenel.

« Il est entendu, d'ailleurs, est-il dit dans cette dépêche, que les démarches dont il s'agit auront un caractère tout amical et qu'elles excluent l'idée de recourir à aucun moyen de coërcition matérielle. »

Cette période d'intervention projetée peut être considérée comme close, sur cette solennelle déclaration de M. Thouvenel. A partir de ce moment, l'Espagne active ses préparatifs militaires et envoie des instructions *réservées* au capitaine général de Cuba. Mais ici l'histoire diplomatique de la question mexicaine présente évidemment une large lacune; car ce n'est guère que dans une dépêche espagnole du 6 septembre 1861, c'est à dire un an plus tard, que nous voyons la question mexicaine surgir de nouveau dans les négociations diplomatiques. Quelques jours auparavant, M. Mon, faisant allusion aux déchirements qui menaçaient d'ensanglanter les Etats-Unis, écrivait à son gouvernement :

« Le gouvernement ne doit pas cacher que ce peut être une occasion de réveiller d'anciens souvenirs et de faire monter sur le trône du Mexique un prince du sang des Bourbons autant ou moins intimement uni à cette maison.»

Il est important au suprême degré de bien prendre note de cette dépêche, parce qu'au moment venu elle nous expliquera la défection subite du gouvernement espagnol.

Mais poursuivons. Le 6 septembre 1861, le gouvernement espagnol charge M. Mon d'informer le gouvernement français qu'une expédition espagnole se prépare contre le Mexique, que des ordres spéciaux ont déjà été adressés au capitaine général de Cuba. C'était une sorte de mise en demeure, et M. Thouvenel, oubliant ce qu'il avait dit antérieurement sur l'exclusion des moyens coërcitifs, se laisse enfin emporter dans l'orbite de la politique espagnole. Et ce n'est pas seulement au point de vue de l'expédition elle-même que cette politique prévaut, mais surtout au point de vue du but à lui assigner. Et, quoi qu'en puisse dire plus tard la convention du 31 octobre, quoi que puissent attester les instructions adressées à MM. Dubois de

Saligny et Jurien de la Gravière, quoi que puisse déclarer six mois plus tard M. Billault, au sein du Corps législatif, la république mexicaine est définitivement condamnée, et le rêve de l'Espagne, c'est à dire une restauration monarchique, est discutée, non point comme une éventualité possible, mais comme un projet irrévocablement arrêté. Le 11 octobre 1861, en effet, M. Thouvenel écrivait à notre ambassadeur à Londres :

« J'ai répondu à l'ambassadeur d'Angleterre que j'étais complétement d'accord avec son gouvernement sur un point: que je reconnaissais, comme lord Russell, que la légitimité de notre action coercitive à l'égard du Mexique ne résultait évidemment que de nos griefs contre le gouvernement de ce pays, et que ces griefs, ainsi que les moyens de les redresser et d'en prévenir le retour, pouvaient seuls en effet faire l'objet d'une convention ostensible. »

Le mot *ostensible* est-il intentionnel, et indique-t-il qu'il y a une convention cachée ? Le ministre ajoute :

« Mais qu'il me semblait inutile d'aller au delà et d'interdire à l'avance l'exercice éventuel d'une participation légitime dans des événements dont nos opérations pourraient être l'origine... Il est permis de supposer en effet que si l'issue de la crise américaine... — que si l'issue de la crise américaine consacrait la séparation du Nord et du Sud, les deux nouvelles Confédérations chercheraient l'une et l'autre des compensations que le territoire du Mexique, livré à une dissolution sociale, offrirait à leurs compétitions. Un semblable événement ne saurait être indifférent à l'Angleterre; et le principal obstacle qui pourrait, selon nous, en prévenir l'accomplissement, serait la constitution au Mexique d'un gouvernement réparateur, assez fort pour arrêter sa dissolution intérieure. »

Il résulte de ces déclarations de M. Thouvenel, déclarations antérieures de vingt jours à la convention, antérieures de cinq mois aux solennelles protestations de M. Billault, qu'il ne s'agissait pas seulement de venger nos nationaux; et quand on rapproche cette déclaration de M. Thouvenel de la déclaration de M. Mon, que nous avons citée tout à

l'heure, sur la crise des Etats-Unis, on voi
avec évidence le lien générateur qui les rat-
tache l'une à l'autre et la filiation des deux
politiques.

VIII

On se souvient des déclarations si nettes,
si précises, si affirmatives de M. Billault. Nous
sommes en 1864; les temps et les ministres
sont changés ; la politique va passer par
d'autres interprétations. Le lendemain de
l'expédition, il fallait en mettre en lumière
le caractère absolument désintéressé. Aujourd'hui que les événements se sont préci-
pités, et ont démenti les déclarations de M.
Billault, il s'agit pour M. Rouher d'exposer
l'unité indéfectible de notre politique dans
la question mexicaine. C'est ainsi qu'il est
amené , contradictoirement avec son éloquent prédécesseur, à prouver que les faits
actuels ne relèvent pas de l'imprévu, et que
la France les a sinon voulus, du moins prévus, dès le début de l'expédition.

Le 12 mai 1864, M. Rouher, répondant à
M. Jules Favre, fait une revue rétrospective
et il laisse échapper quelque chose comme
un aveu, qui contraste violemment avec les
déclarations antérieures de M. Billault. Il dit :

« Nous ne nous sommes pas attardés à de vaines ré-
criminations, nous n'avons pas voulu accepter des
réparations éphémères ; dès le premier jour, nous é-
tions résolus à marcher sur Mexico, si le soin de
notre honneur et la protection de nos nationaux
l'exigeaient, malgré l'échec d'un jour et ses cruelles
tristesses, malgré des blâmes sévères et quelquefois
aussi des calomnies ignobles ; puis, quand la situation s'est modifiée, malgré les conseils de la gloire,
nous n'avons pas abandonné la voie que nous nous
étions tracée. Nous n'avons eu ni découragement ni
exaltation. Nous étions venus au Mexique pour le
renversement de l'homme qui avait osé outrager la
France et pour la satisfaction de notre honneur. Nous
avons entrepris la pacification générale du pays ;
nous avons réorganisé les finances, l'administration,
l'armée de cette nation si longtemps malheureuse et

nous l'avons appelée à choisir le gouvernement sous lequel elle voulait vivre. »

Donc, l'expédition, d'après M. Rouher, était partie avec l'idée arrêtée de renverser le gouvernement de Juarez et de le remplacer.

Ce n'est pas assez !

M. Rouher, dans la séance du 28 janvier 1864, s'exprime ainsi :

« Donc, dès le premier jour nous avons dit la vérité : réparation de nos griefs, protection de nos nationaux, éventualité, nécessité peut-être d'aller à Mexico. Si nous allons à Mexico, le gouvernement de Juarez ne peut pas être maintenu, il en faudra sans doute un nouveau.

» Dès lors, la forme et les conditions de ce gouvernement devaient être éventuellement étudiées par des cabinets prudents, décidés à s'engager dans une expédition lointaine. »

Ainsi, étrange inconséquence ! on commençait par mettre en question l'existence même du gouvernement avec lequel nos plénipotentiaires devaient traiter. Il y avait là, certainement, un parti pris inconscient ou voulu qui tranformait fatalement l'expédition en une croisade monarchique en dehors même des projets agités autour des tapis verts.

Dans les développements qu'il donne à l'exposé des préliminaires de l'expédition, M. Rouher est amené à citer une dépêche de M. Thouvenel au comte de Flahaut, datée du 11 octobre 1861, toujours antérieure à l'expédition. La voici :

« Mais l'intérêt qui s'attache, pour nous, dit M. Thouvenel, à la régénération de ce pays, ne permet pas, ce nous semble, de négliger aucun des symptômes qui pourraient faire espérer le succès d'une pareille tentative. A l'égard de la forme de ce gouvernement, parce qu'il donnait au pays et à nous-mêmes des garanties suffisantes, nous n'avions, et je ne supposais à l'Angleterre aucune préférence ni aucun parti pris. Mais si les Mexicains eux-mêmes, las de leurs épreuves, décidés à réagir contre un passé désastreux, puisaient dans le sentiment des dangers qui les menacent une vitalité nouvelle, si revenant, par exemple, aux instincts de leur race, ils trouvaient bon de chercher dans un établissement monarchique le repos et la prospérité qu'ils n'ont pas rencontrés dans les institutions républicaines, je ne pensais pas

que nous dussions nous interdire absolument de les
aider, s'il y avait lieu, dans l'œuvre de leur régénération, tout en reconnaissant que nous devions les
laisser entièrement libres de choisir la voie qui leur
paraîtrait la meilleure pour les y conduire.

« Poursuivant le développement de ces idées dans
la forme d'une conversation intime et confiante, j'ai
ajouté que, dans le cas où la prévision que j'indi-
quais viendrait à se réaliser, le gouvernement de
l'Empereur, dégagé de toute préoccupation intéres-
sée, écartait d'avance toute candidature d'un prince
de la famille impériale, et que, désireux de ménager
toutes les susceptibilités, il verrait avec plaisir le
choix des Mexicains et l'assentiment des puissances
se porter sur un prince de la maison d'Autriche. »

La candidature de l'archiduc Maximilien
au trône restauré du Mexique est ainsi nettement posée. On se demande dès lors, comment cinq mois plus tard, M. Billault a pu
qualifier de fables ridicules, colportées par
des officiers étourdis, les bruits rapportés
d'Amérique et relatifs à des projets de restauration impériale au profit de l'archiduc
Maximilien. La diplomatie a donc des mys-
tères avec lesquels a dû compter le ministre
d'Etat de 1862.

M. Rouher lit ensuite une dépêche de M.
Thouvenel à M. Barrot, 15 octobre 1864,
toujours au sujet des projets de restauration
monarchique :

« Vous trouverez, dans ma dépêche à M. de Flahault, les observations que j'ai cru devoir présenter
à lord Cowley sur ce point, et par lesquelles je me
suis attaché à établir que, si nous n'avions pas à
assumer la responsabilité d'une action directe dans
les affaires intérieures du Mexique, la prudence nous
conseillait de ne pas décourager par avance les efforts que ce pays tenterait lui-même, avec l'appui
moral que la présence de nos forces sur ses rivages
pourrait lui prêter, pour se donner un gouvernement stable et régulier ; qu'enfin, tout en les
laissant complétement libres dans le choix de
leur gouvernement, les trois puissances ne sauraient,
au nom même de leur intérêt, s'interdire absolument d'aider les Mexicains dans l'œuvre de leur régénération. C'est en me plaçant à ce point de vue que
j'ai été amené à parler à lord Cowley de l'éventualité de la forme monarchique au Mexique, ainsi que
vous le verrez également dans ma dépêche à M. de
Flahault. »

M. Rouher ajoute ces détails caractéristiques :

« M. Thouvenel continue; il raconte sa conversation à M. Mon, ambassadeur d'Espagne à Paris; il fait connaître qu'il lui a déclaré que dans l'éventualité d'une monarchie au Mexique, la France acceptait l'archiduc d'Autriche, écartant ainsi d'une manière absolue cette intervention d'un prince de la maison de Bourbon que l'Espagne aurait voulu installer sur le trône du Mexique. »

C'est à partir de ce moment que le zèle de l'Espagne s'attiédit : ses troupes sont en route pour Vera-Cruz; elle ne peut point ne pas signer la convention que l'on négocie; mais puisqu'elle perd tout espoir de glisser au Mexique un prince de la maison de Bourbon, elle saisira la première occasion de se détacher de l'action commune; et la France poussée en avant, abandonnée maintenant par ses deux alliées, restera seule, une couronne dans sa giberne, sur la route de Mexico.

Voilà l'histoire !

IX

Malheureusement, il y eut pour précipiter les résolutions de notre gouvernement un concours fatal de circonstances. En même temps que M. Dubois de Saligny, écrivant de Mexico au ministre des affaires étrangères, parlait dans toutes ses dépêches de la nécessité d'établir au Mexique un gouvernement régulier et durable, de l'impossibilité de continuer le *statu quo*, avec ses incertitudes et ses ruines, un groupe d'émigrés mexicains, dont le chef avait servi Miramon, commençaient en Europe leur campagne monarchique. Leur rôle, même avant la convention du 31 octobre, s'accuse jusqu'à prendre un caractère officiel. Almonte fut, en cette circonstance, le mauvais génie de notre politique.

C'est en vain, ou plutôt sans raison, que

M. Billault, dans les débats de l'adresse de
1862, traitait dédaigneusement ce groupe
d'émigrés que l'on avait aperçus sur le chemin de Miramar ou de Vienne ; il n'en est
pas moins vrai que, quelques jours plus
tard, leur chef Almonte apparaissait à Vera-
Cruz, couvert, disait-on alors, par une lettre
de Napoléon III, mais du moins posant en
personnage officiel, et faisant lui-même aux
Mexicains, dans une proclamation restée cé-
lèbre, cette déclaration :

« Ayant des raisons pour connaître, comme je les
connais en effet, les désirs des gouvernements alliés
et surtout ceux de l'empereur des Français, désirs
qui ne sont autres que de voir s'établir dans notre
malheureux pays, et pour nous-mêmes, un gouvernement stable, basé sur la paix et la moralité... »

Les émigrés agissent avec une extrême
prudence ; mais, en l'absence de faits précis,
les documents officiels accusent leur rôle.

Le 9 avril 1862, MM. Dubois de Saligny
et Jurien de la Gravière adressent au général Doblado la note suivante :

« Au moment où le général Almonte est parti de
France, le gouvernement de Sa Majesté l'empereur
des Français ne mettait point en doute que les hostilités ne fussent depuis longtemps engagées entre
nos armées et les armées mexicaines. M. le général
Almonte s'offrit alors pour aller porter à ses compa-
triotes des paroles de conciliation et pour leur faire
comprendre le but tout bienveillant que s'était pro-
posé l'intervention européenne. Ces ouvertures furent accueillies par le gouvernement de Sa Majesté,
et le général fut non-seulement autorisé, mais *invité*
à se rendre au Mexique. »

C'était là une mission on ne peut plus offi-
cielle. Il n'y a pas de doute posssible.

Le 23 mars 1862, le général Prim écrit
d'Orizaba à l'amiral Jurien de la Gravière,
toujours au sujet des émigrés :

« L'acte de conduire les émigrés politiques dans
l'intérieur du pays pour qu'ils y organisent la cons-
piration qui un jour devra détruire le gouvernement
existant, ainsi que le système politique actuel ; un
pareil acte, quand vous avancez en amis et quand
vous attendez le jour fixé pour les conférences, n'a
pas d'exemple, et je n'en reviens pas.

» Si vous avez reçu des ordres de votre gouvernement à cet égard, j'avoue que je ne reconnais plus la
sagesse, la justice ni la grandeur de la politique impériale, comme je ne reconnais pas non plus le haut
esprit de conciliation de l'empereur envers l'Angleterre et l'Espagne. Car je suis désolé de vous le dire, mon ami, mais il le faut, la politique que vous
vous proposez de suivre au Mexique, au mépris de
la conférence, puisque vous n'avez pas le devoir de
la consulter dans une affaire aussi grave, donnera le
fâcheux résultat, d'après mon avis, de refroidir les
relations amicales de l'Angleterre et de l'Espagne
envers la France, et personne au monde n'en sera
plus peiné que moi, parce que personne au monde
n'a plus de vénération et de respect que moi pour
l'empereur, ni personne ne lui est plus noblement
attaché, ni personne n'aime davantage la France et
les Français. »

Dans une note datée du 17 mars et adressée à son gouvernement, le général Prim est
bien autrement affirmatif vis-à-vis des émigrés mexicains. Le général Lorencez venait
d'arriver avec des renforts; on s'émeut et le
général Prim écrit :

« Les articles des journaux français qui annoncent
ouvertement que les troupes impériales ont pour
mission de placer l'archiduc Maximilien sur le trône,
contribuent à faire prévoir des difficultés non-seulement entre la France et le Mexique, mais entre le
gouvernement impérial et ceux d'Espagne et d'Angleterre. En même temps que le général Lorencez sont
arrivés à la Vera-Cruz Almonte, Haro, Ramarez et
d'autres promoteurs du projet monarchique. Le gouvernement mexicain, informé du projet de ces messieurs, vient de nous adresser une note dans laquelle il nous annonce sa ferme résolution d'user de
son droit en faisant poursuivre les ennemis de la
nation qui, se trouvant proscrits, pénètrent au Mexique avec des intentions coupables. »

Le rôle joué par les émigrés mexicains,
l'influence qu'ils ont exercée en Europe pour
précipiter la diplomatie française dans une
croisade monarchique au delà de l'Océan,
sont bien plus nettement tracés encore dans
la dépêche du ministre d'Espagne au général
Prim. Nous trouvons dans cette dépêche
datée de Madrid, 22 janvier 1862, les lignes
suivantes :

« L'empereur des Français a fait savoir au gouvernement de la reine, par l'entremise de son ambas-

sadeur, qu'il avait résolu d'augmenter de 3,000 hommes l'expédition destinée au Mexique.

» L'objet de cette mesure paraît être de réunir des éléments suffisants pour aller à la capitale, dans le cas où ce serait absolument nécessaire, afin de ne pas prolonger les opérations et le séjour des forces de terre et de mer dans ce pays et sur les côtes.

» Les instructions communiquées à Votre Excellence étant claires et formelles, je n'ai rien à y ajouter. Mais il convient que Votre Excellence sache que le projet de l'établissement d'une monarchie au Mexique paraît chaque jour prendre corps davantage.

» Quelques-uns des naturels de ce pays, — et ceci mérite d'être noté, — qui résident ou sont établis en Europe, travaillent dans ce sens. »

Et pendant ce temps, M. Dubois de Saligny, entrant parfaitement dans l'esprit de l'expédition et dans les exigences sous-entendues de son rôle, établit avec le général Serrano une sorte d'*a-parte* contre l'Angleterre. Dans une lettre du 24 novembre 1861, il parle de « l'incroyable candeur de la perfide Albion ».—Le mot *candeur* est souligné. —Dans une lettre du 29 novembre, il promet « des preuves de la duplicité et de la niaiserie du ministre britannique ». Il annonce « des révélations curieuses au sujet d'un projet d'alliance chimérique entre le Mexique, l'Angleterre et les Etats-Unis contre la France et l'Espagne », et le 23, il avait déjà expédié une note détaillée sur l'état des forces régulières du Mexique. Hélas ! le 5 mai nous dira à quel douloureux dénoûment ces manœuvres devaient aboutir; le sang de nos soldats tombés devant Guadalupe, sans réveiller un seul écho dans Puebla, criera longtemps contre les sollicitations intéressées et les excitations optimistes de l'émigration mexicaine ; et enfin cet ordre du jour navrant, signé Lorencez, et qui laisse à travers chaque ligne déborder les tristesses du général trompé et vaincu, accusera longtemps avec une égale énergie l'inexcusable étourderie des ambitieux et les crédulités trop complaisantes de notre politique.

Le 27 mai 1862, le général Lorencez disait à ses soldats :

« Votre marche sur Mexico a été arrêtée par des obstacles matériels auxquels vous deviez être loin de vous attendre, d'après les renseignements qui vous avaient été donnés : on vous avait cent fois répété que la ville de Puebla vous appelait de tous ses vœux et que sa population se presserait sur vos pas pour vous couvrir de fleurs.

» C'est avec la confiance inspirée par ces assurances trompeuses que nous nous sommes présentés devant Puebla. Cette ville était hérissée de barricades et dominée par une forteresse où les moyens de défense avaient été accumulés. »

La réponse aux manœuvres de l'émigration, elle est dans cet ordre du jour empreint d'une virile tristesse, et dans lequel l'aveu d'une désillusion augmente encore l'amertume de la défaite.

Nous devrions terminer ici cette première partie de notre travail ; nous avons montré les deux courants qui avaient emporté notre politique dans les déroulements accidentés de la question mexicaine ; nous avons vu l'expédition réduite par M. Billault, par la convention du 31 octobre, par les interprétations diverses et décisives que cette convention a reçues, à une simple revendications d'intérêts lésés, et en même temps dans les pourparlers secrets de la diplomatie, ouvrant la porte à des projets de restauration monarchique ; nous avons vu la France, rebelle d'abord à l'emploi de la force, plus tard à tout projet de restauration monarchique, céder enfin, entraînée par l'Espagne et sollicitée par les manœuvres actives de l'émigration mexicaine.

Est-ce tout ? Hélas ! non. Le 9 avril 1862, l'alliance est rompue à Orizaba. Elle est rompue, à cause de la présence et des manœuvres des émigrés, qui ont déjà constitué un gouvernement occulte ; elle est rompue, parce que M. Dubois de Saligny veut à tout prix marcher sur Mexico, quand le plénipo-

tentiaire de l'Espagne et de l'Angleterre déclarent qu'aucun fait « n'est de nature à justifier cette résolution » (*Procès-verbal de la conférence tenue à Orizaba le 9 avril*); elle est rompue enfin parce que, à cause de la question monarchique qui a surgi, « les plénipotentiaires de la Grande-Bretagne, de S. M. l'empereur des Français et de S. M. la reine d'Espagne n'ont pu se mettre d'accord hier sur l'interprétation qui devrait être donnée à la convention du 31 octobre 1861. ». (*Note adressée par les plénipotentiaires au général Doblado, 9 avril 1862.*)

X

L'Angleterre n'avait jamais voulu d'un établissement monarchique ; et l'Espagne, qui avait d'abord sur cette question, en songeant à une candidature bourbonnienne, remorqué la France, s'était, à son tour, laissé remorquer, prête à se détacher au premier prétexte.

Déjà, du reste, dès avant cette rupture, l'Espagne préparait sa retraite ; et le général Prim, qui avait été mis dans le secret ; qui d'ailleurs, s'il avait rêvé pour lui la couronne, comme le lui a reproché M. Dubois de Saligny dans la conférence tenue à Orizaba le 9 avril, ne voulait point jouer pour un autre prétendant le rôle candide d'un don Quichotte ; le général Prim, disons-nous, qui avait dû connaître à Vichy les vues de l'empereur vis-à-vis du Mexique, qui leur avait promis le concours de son influence à Madrid et de son épée sur les champs de bataille, écrivait à l'empereur Napoléon, d'Orizaba, le 17 mars, la lettre suivante :

« Orizaba, 17 mars 1862.

» Sire,

» Votre Majesté impériale a daigné m'écrire une lettre autographe qui, à cause des paroles bienveillantes qu'elle contient pour ma personne, sera un ti-

tre d'honneur pour ma postérité.....................
....

» Sur le terrain des justes réclamations, il ne peut y avoir de divergences entre les commissaires des puissances alliées, et il y en aura encore moins entre les chefs des troupes de Votre Majeseé et celles de Sa Majesté Catholique. Mais l'arrivée à Vera-Cruz du général Almonte, de l'ancien ministre Haro, du père Miranda et d'autres émigrés mexicains, mettant en avant l'idée de créer une monarchie en faveur du prince Maximilien d'Autriche, projet qui, à les entendre, doit être appuyé et soutenu par les forces de Votre Majesté impériale, tend à créer une position difficile pour tous, et plus difficile et fâcheuse encore pour le général en chef des troupes espagnoles qui, à teneur des instructions de son gouvernement, basées sur la convention de Londres, et presque les mêmes que celles données par le gouvernement de Votre Majesté à votre digne et noble vice-amiral la Gravière, se verrait dans le cas douloureux de ne pouvoir contribuer à la réalisation des vues de Votre Majesté impériale, si ses vues sont réellement d'élever un trône dans ce pays pour y placer un archiduc d'Autriche.

» J'ai de plus, sire, la profonde conviction que, dans ce pays, les hommes à sentiments monarchiques sont très peu nombreux, et il est logique qu'il en soit ainsi, puisque ce pays n'a jamais connu la monarchie en la personne des monarques espagnols, mais seulement en celle des vice-rois, lesquels gouvernaient chacun selon son bon ou mauvais jugement et ses propres lumières, et tous suivant les coutumes et le mode de gouverner les peuples à cette époque déjà éloignée.

» La monarchie, ensuite, n'a pas laissé dans ce pays les immenses intérêts d'une noblesse séculaire, comme cela a eu lieu en Europe lorsque, sous l'impulsion des tempêtes révolutionnaires, les trônes se sont parfois écroulés ; elle n'a pas laissé non plus des intérêts moraux, ni rien de ce qui peut faire désirer à la génération actuelle le rétablissement de la monarchie qu'elle n'a point connue, et que rien ni personne ne lui a enseigné à désirer ni à vénérer. Le voisinage des États-Unis, et le langage toujours sévère de ces républicains contre l'institution monarchique, ont contribué pour beaucoup à créer ici une véritable haine contre la monarchie. En dépit du désordre et de l'agitation constante, l'établissement de la république, qui a eu lieu il y a plus de quarante ans, a créé des habitudes, des coutumes et même un certain langage républicain qu'il ne serait pas facile de détruire.

» Pour ces raisons et pour d'autres, qui ne peuvent échapper à la haute pénétration de Votre Majesté impériale, elle comprendra que l'immense généralité de l'opinion, dans ce pays, n'est pas et ne peut pas être monarchique. Si la logique ne suffisait pas à le démontrer, cela serait suffisamment prouvé par le fait, que depuis deux mois que les drapeaux alliés flottent sur la place de Vera-Cruz, et aujourd'hui que nous occupons les villes importantes de Cordoba, Orizaba et Tehuacan, dans lesquelles il n'est resté aucune force mexicaine, ni d'autre autorité que l'autorité civile, ni les conservateurs, ni les partisans de la monarchie n'ont fait la moindre démonstration qui pût même faire voir aux alliés que ces partisans existent.

» Loin de moi, Sire, de supposer même que la puissance de Votre Majesté impériale ne soit pas suffisante pour élever au Mexique un trône pour la maison d'Autriche. Votre Majesté dirige les destinées d'une grande nation, riche en hommes intelligents et valeureux, riche en ressources et qui manifeste son enthousiasme toutes les fois qu'il s'agit de seconder les vues de Votre Majesté impériale. Il sera facile à Votre Majesté de conduire le prince Maximilien à la capitale et de le couronner roi; mais ce roi ne rencontrera dans le pays d'autre appui que celui des chefs conservateurs, qui ne songeaient pas à établir la monarchie lorsqu'ils étaient au pouvoir, et qui y songent maintenant qu'ils sont dispersés, vaincus et émigrés.

» Quelques hommes riches aussi admettront un monarque étranger qui arrivera soutenu par les soldats de Votre Majesté, mais ce monarque n'aura rien pour le soutenir le jour où cet appui viendra à lui manquer, et il tomberait du trône élevé par Votre Majesté, comme tomberont d'autres puissants de la terre le jour où le manteau impérial de Votre Majesté cessera de les couvrir et de les défendre. Je sais bien que Votre Majesté impériale, mue par son haut sentiment de justice, ne voudra pas forcer ce pays à changer d'institutions d'une manière aussi radicale, si le pays ne le désire et ne le demande pas de lui-même. Mais les chefs du parti conservateur, débarqués à la Vera-Cruz, disent qu'il suffira de consulter les classes élevées de la société, sans s'occuper des autres, et cela agite les esprits et inspire la crainte que l'on ne fasse violence à la volonté nationale.

» La troupe anglaise, qui devait venir à Orizaba et qui avait déjà préparé ses moyens de transport, s'est rembarquée dès qu'elle a su qu'il arrivait un plus grand nombre de forces françaises que celui stipulé dans la convention. Votre Majesté appréciera l'importance de cette retraite.

» Je demande mille pardons à Votre Majesté impériale d'avoir osé soumettre à son attention une aussi longue lettre; mais j'ai cru que la véritable manière de répondre dignement aux bontés de Votre Majesté pour moi, était de dire la vérité et toute la vérité sur l'état politique de ce pays tel que je le comprends. En le faisant, j'aurai non-seulement rempli un devoir, mais obéi aussi au grand, noble et respectueux attachement que je ressens pour la personne de Votre Majesté impériale.

» Comte DE REUSS, général PRIM. »

Le véritable but de l'expédition, d'abord caché soigneusement, plus tard timidement avoué, aujourd'hui affiché solennellement, ressort avec éclat. Seulement, une remarque est nécessaire, avant d'entrer dans la période ouverte par l'avénement de l'empereur mexicain. Ce n'est point évidemment comme but final, pour bâtir un trône à un archiduc, que nous allions au Mexique. L'archiduc ne pouvait être qu'un instrument mis au service d'une théorie ou d'un plan préconçu.

XI

Il était donc à côté de la vérité, M. Billault, quand il persistait à réduire l'expédition à des proportions mesquines; il était encore à côté de la vérité, quand, en 1863, il présentait l'établissement monarchique comme une éventualité survenue, nécessitée par un concours imprévu de circonstances; il était donc encore à côté de la vérité, M. Larrabure, quand, en 1864, dans son rapport sur les crédits supplémentaires, il s'exprimait ainsi :

« Nous ne devons pas le dissimuler, ces expéditions répétées inquiètent la nation. Disons tout de suite, pour être justes, que quant à celle du Mexique, qui pèse le plus sur la pensée publique et sur nos budgets, elle n'a acquis les proportions considérables qu'on lui connaît que par un enchaînement d'incidents malheureux que le gouvernement n'a pu ni prévoir ni empêcher... »

Et quand l'empereur lui-même, dans le discours du trône de 1863, disait :

« Les expéditions lointaines, objet de tant de critiques, n'ont pas été l'exécution d'un plan prémédité, la force des choses les a amenées, et cependant elles ne sont point à regretter »,

l'empereur ne laissait pénétrer qu'un jour avare sur sa pensée. Car cet *argument de la force des choses*, il devait le détruire lui-même par la fameuse lettre qu'il adressait au général Forey, le 3 juillet 1862 :

« Fontainebleau, 3 juillet 1862.

» Mon cher général,

» ....

» Il ne manquera pas de gens, disait l'empereur dans cette lettre, qui vous demanderont pourquoi nous allons dépenser des hommes et de l'argent pour fonder un gouvernement régulier au Mexique.

» Dans l'état actuel de la civilisation du monde, la prospérité de l'Amérique n'est pas indifférente à l'Europe ; car c'est elle qui alimente nos fabriques et fait vivre notre commerce. Nous avons intérêt à ce que la république des États-Unis soit puissante et prospère, mais nous n'en avons aucun à ce qu'elle s'empare de tout le golfe du Mexique, domine de là les Antilles ainsi que l'Amérique du Sud, et soit la seule dispensatrice des produits du nouveau monde. Nous voyons aujourd'hui, par une triste expérience, combien est précaire le sort d'une industrie qui est réduite a chercher sa matière première sur un marché unique, dont elle subit toutes les vicissitudes.

» Si, au contraire, le Mexique conserve son indépendance et maintient l'intégrité de son territoire ; si un gouvernement stable s'y constitue avec l'assistance de la la France, nous aurons rendu à race latine, de l'autre côté de l'Océan, sa force et son prestige ; nous aurons garanti leur sécurité à nos colonies des Antilles et à celles de l'Espagne ; nous aurons établi notre influence bienfaisante au centre de l'Amérique ; et cette influence, en créant des débouchés immenses à notre commerce, nous procurera les matières indispensables à notre industrie.

» Le Mexique, ainsi régénéré, nous sera toujours favorable, non-seulement par reconnaissance, mais aussi parce que ses intérêts seront d'accord avec les nôtres, et qu'il trouvera un point d'appui dans ses bons rapports avec les puissances européennes.

» NAPOLÉON. »

Après avoir feuilleté attentivement la collection du *Moniteur*, compulsé tous les documents, étudié scrupuleusement toutes les pièces, nous sommes arrivé à cette conclusion, que dans cette lettre réside la pensée vraie de l'expédition mexicaine. L'expansion croissante des États-Unis vers l'Amérique du Sud a ému l'Europe ; nous avons dès-lors songé à lui bâtir une digue dans le trône restauré du Mexique ; et les griefs ne nous ont pas manqué pour justifier une expédition militaire qui préparât la restauration de l'empire. Le mérite de la lettre de l'empereur au général Forey, c'est d'accuser une théorie politique et d'élever l'expédition à la hauteur d'un système.

XII

Donc, en acceptant la question sur ce terrain, on peut voir combien elle grandit. Il ne s'agit plus de nos luttes avec les populations réfractaires du Mexique ; il s'agit d'une dissidence, d'une compétition, d'un conflit peut-être entre l'ancien monde et le nouveau ; aussi, M. Berryer, dans la discussion des crédits supplémentaires en 1864, était-il bien venu à s'écrier avec un accent prophétique :

« Rien ne m'afflige plus que la division actuelle des Etats-Unis. J'aspire à ce que, avec le moins de sacrifices possibles pour l'une et l'autre partie de cette grande population, la paix se rétablisse. Mais de quelque manière que les affaires se terminent, n'oubliez pas que l'Amérique du Nord sera toujours un Etat considérable et puissant sur tout le territoire américain ; n'oubliez pas qu'il y a offense envers elle dans la conduite que nous avons tenue dans l'expédition du Mexique.

» Ceux qui se récrient n'ont pas suffisamment étudié et les documents qui sont sous nos yeux et tous les faits historiques qu'on ne peut nier et qui ne remontent qu'au cours de ces trois dernières années. Je ne parle pas de ce sentiment profond qui est le principe vital, le nerf de l'existence politique des Etats-Unis, de ce sentiment qu'on a appelé la doctrine de Monroë ; c'est-à-dire de ce sentiment impatient et ennemi avec lequel les Etats-Unis considèrent l'intervention de toute puissance européenne dans les affaires de l'Amérique.

» Je ne parle pas de ce sentiment. Mais comment avez-vous commencé l'expédition du Mexique ? Par la convention du 31 octobre.

» Et qu'est-ce que vous dites dans cette convention ? En cédant à un désir de l'Angleterre, vous dites que les Etats-Unis sont conviés à y entrer, vous les en priez. Vous les en priez, et, dans une lettre du 25 juillet 1862, j'ai lu en propres termes qu'il fallait former un établissement nouveau au Mexique précisément pour diminuer l'influence des Etats du Nord et empêcher que cette puissance, dont la prospérité peut être cependant si utile à notre commerce, ne prenne un développement inquiétant dans l'Amérique du Sud. Ainsi, l'expédition du Mexique a été faite en partie contre les Etats-Unis.

» Je n'exagère rien, messieurs; je dis la vérité; relisez la lettre du mois de juillet 1862, et vous y verrez, en propres termes, qu'il faut arrêter le développement des Etats-Unis.

» Eh bien, si vous réussissiez, quand les Etats-Unis, envers lesquels on s'est ainsi conduit, et qui ont ce principe vital dont je vous parlais tout à l'heure, verraient, après leur guerre terminée, un Etat que vous ne pourriez soutenir qu'au prix de sacrifices immenses, — et, si immenses qu'ils pussent être, malheureusement je craindrais qu'ils ne fussent inutiles, — quand les Etats-Unis verraient, dis-je, cet établissement qui aurait été élevé contre eux, les hostilités viendraient de tous côtés : la republique du Nord ne supporterait pas la monarchie impériale du Mexique, et la guerre éclaterait tôt ou tard. Voilà les périls où vous attirez le prince Maximilien en le conviant à entrer dans une situation impossible, impraticable, et qui serait ruineuse pour la France si elle persistait dans une telle entreprise. (Approbation sur plusieurs bancs.) »

Ainsi la question se trouvait portée sur un terrain tout nouveau par la lettre impériale et par le commentaire éloquent dont l'avait accompagnée M. Berryer. Ce sont là les vrais conditions du problème, telles que les a posées la France, en allant à Véra-Cruz, et telles que les a acceptées, au nom des Etats-Unis, M. Seward, disant, au ministre d'Espagne à Washington, le 14 octobre 1861 : « Qu'il reconnaissait le droit de l'Espagne de faire la guerre au Mexique, pour défendre ses droits et obtenir réparation de son injure, que cependant, *comme c'était là une question dans les éventualités de laquelle il entrait la possibilité d'un conflit avec les États-Unis et les puissances européennes*, il avait mûrement songé à éviter cette possibilité. »

La façon dont la question mexicaine a été officiellement posée depuis le départ pour le Mexique du général Forey, et l'avénement de l'empèreur Maximilien, crée évidemment à la France, vis-à-vis des Etats-Unis une situation nouvelle. Disons les choses sans ambages et sans périphrases : la continuité de l'occupation est politiquement un péril ; est-elle diplomatiquement un devoir ?

XIII

A quoi nous sommes-nous engagés vis-à-vis du nouvel empire ? Telle est la question intéressante au point de vue de la direction à imprimer désormais à la politique française.

L'archiduc Maximilien reçoit, le 10 avril 1864, dans son château de Miramar, la députation mexicaine, et il annonce en ces termes son acceptation :

« Les garanties nécessaires pour asseoir sur des bases solides l'indépendance et la prospérité du pays sont également acquises, grâce à la magnanimité de l'empereur des Français. »

Mais, à proprement parler, ce n'est point là un engagement ; et s'il existe pour nous un lien, il est bien moins dans ces effusions vagues d'un candidat heureux que dans les termes précis et calculés de la convention diplomatique du 10 avril 1864. Or que dit cette convention ?

« Les gouvernements de S. M. l'empereur des Français et de S. M. l'empereur du Mexique, animés d'un désir égal d'assurer le rétablissement de l'ordre au Mexique et de consolider le nouvel empire, ont résolu de régler par une convention...

ART. 1er. — Les troupes françaises qui se trouvent actuellement au Mexique seront réduites le plus tôt possible au chiffre de 25,000 hommes, y compris la légion étrangère.

Ce corps, pour sauvegarder les intérêts qui ont motivé l'intervention, restera temporairement au Mexique, dans les conditions réglées par les articles suivants.....

« ART. 2. Les troupes françaises évacueront le Mexique au fur et à mesure que S. M. l'empereur du Mexique pourra organiser les troupes nécessaires pour les remplacer.

« ART. 3. La légion étrangère au service de la France, composée de 8,000 hommes, demeurera néanmoins encore pendant six années au Mexique, après que toutes les autres forces françaises auront été rappelées, conformément à l'article 3. A dater de ce moment ladite légion passera au service et à la solde fudgouvernement mexicain. Le gouvernement mexicain se réserve la faculté d'abréger la durée de l'emploi au Mexique de la légion étrangère.

» ART. 10. L'indemnité à payer à la France par le

gouvernement mexicain pour dépense, solde, nourriture et entretien des troupes du corps d'armée à partir du 1er juillet 1864, demeure taxé à la somme de 1,000 fr. par homme et par an. »

C'est surtout par les commentaires anticipés et rétrospectifs qu'elle a reçus que vaut cette convention.

Lors de la discussion des crédits supplémentaires, dans la séance du 27 janvier, M. Berryer, serrant de près le gouvernement français, lui disait :

« Est-il vrai que le gouvernement n'ait pris aucun engagement pour le pays ni au point de vue financier ni au point de vue de nos soldats? Sommes-nous engagés, ne le sommes-nous pas? »

M. Rouher répondait :

« Si vous aviez lu le rapport de M. Larrabure, vous seriez édifié. »

Or, voici comment s'exprimait le rapport:

« En ce moment, le gouvernement de l'empereur déclare qu'il n'est engagé envers personne, ni à laisser un corps de troupes au Mexique, ni à garantir un emprunt quelconque. Il déclare qu'il n'a aucune raison de penser qu'il soit nécessaire d'augmenter les forces françaises actuellement existantes sur le sol mexicain. »

M. Rouher disait encore, dans la séance du 27 janvier :

« Le gouvernement n'aura pas, en traitant avec le souverain, contracté une solidarité permanente et indéfinie pour le maintien d'un empire au Mexique. »

La convention de Miramar, dont nous avons reproduit les articles les plus importants, parut le 16 avril 1864, dans les colonnes officielles. Il était naturel qu'elle devînt, dans la discussion du budget, la matière d'un intéressant débat. En effet, déjà, dans la séance du 11 mai, M. Berryer se préoccupe des obligations et des charges que cette convention impose, au double point de vue de nos finances et de notre armée. M. Rouher lui répond, et au lieu de préciser le sens de la convention, il se complaît à tracer un tableau brillant de la situation du Mexique. Ecoutons plutôt :

S. EXC. M. ROUHER, ministre d'Etat, reprenant son discours: L'honorable M. Berryer, à propos de la discussion générale du budget, a discuté toute la question mexicaine. Cette question a donné lieu dans cette Chambre à de nombreuses appréhensions défavorables et pessimistes.

Lorsque nous l'avons discutée l'année dernière, on nous disait : Votre expédition de San-Luis de Potosi est une folie. Vous allez disséminer l'armée française sur quatre cents lieues de territoire. L'armée mexicaine, aux ordres de Juarez, d'Uragua, de Doblado, battra nos bataillons disséminés.

M. THIERS : On n'a pas dit cela. (Interruption.)

S. EXC. M. ROUHER, ministre d'Etat : L'honorable M. Thiers n'a qu'à reprendre le discours de l'honorable M. Jules Favre, et il verra quelles appréciations y sont contenues.

M. JULES FAVRE : Je n'ai jamais douté de nos succès militaires.

S. EXC. M. ROUHER, ministre d'Etat : On nous montra l'expédition comme marchant contre les vœux de la population mexicaine...

UNE VOIX : On le disait avec justice ! (Interruption.)

S. EXC. M. ROUHER, ministre d'Etat : Avec justice ! ose-t-on dire. Vous avez donc oublié la promenade triomphale du général Bazaine sur ces quatre cents lieues de territoire, notre entrée à Guanajuato, à Queretaro, à San-Luis de Potosi, les acclamations poussées partout où l'armée française a développé son drapeau ! Les faits et l'histoire n'ont donc aucune vérité pour certains aveugles ? (Très bien ! Très bien !)

Cette expédition de San-Luis de Potosi, vous l'avez critiquée ; elle a été une marche triomphale. (Nouvelle approbation.)

Un peu plus loin, le ministre s'écrie :

« Quoi ! voilà un empire nouveau qui se fonde, un souverain qui n'a pas encore pris possession de son trône, un gouvernement qui n'est pas encore organisé, et on croit que ce n'est pas un grand témoignage de confiance de la part des capitaux que d'avoir souscrit au profit de ce gouvernement 9 millions de rentes, quand on voit de vieux gouvernements ne pas trouver de souscripteurs pour leurs emprunts ? Il n'est pas douteux que lorsque l'empereur Maximilien se rendra de la Vera-Cruz à Mexico au milieu des démonstrations enthousiastes des populations...... (Bruit sur quelques bancs.)

M. E. PICARD : Alors, rappelez l'armée !

Rappelez l'armée ! C'était évidemment la

conclusion logique de la pacification; mais
M. Rouher, ce jour-là, passe à côté de l'interruption.

Toutefois, la convention existait; elle était
connue ; il devenait impossible que le gouvernement n'en exposât pas officiellement
la portée. Dans la séance du 12 mai, M. Jules Favre devient vif, pressant, irrésistible :

« Vous savez, messieurs, dit-il, quel arrangement
a été fait. Pour payer les frais de la guerre, on a
trouvé un procédé nouveau : c'est de les faire payer
par la puissance victorieuse, car la France émet
66 millions de titres qui ne sont que des billets de
complaisance sous sa signature. (Exclamations.)

» La convention insérée au *Moniteur* du 16 avril a
réglé les conditions du séjour des troupes françaises
au Mexique. Nous voilà bien loin des déclarations
du rapport de M. Larrabure : nos troupes resteront
au Mexique ; combien de temps ? tant que le nouvel
empire ne sera pas consolidé, car voilà en réalité
l'œuvre de la France. Il faut consolider l'empire de
Maximilien. On trompe la France quand on dit que
l'expédition est finie : elle ne fait que commencer.
(Bruits confus.)

» Nous laissons 25,000 hommes au Mexique, sans
délai déterminé ; les circonstances politiques seules
pourront fixer le jour du rappel de nos troupes. On
dit que ces troupes seront payées par le gouvernement du Mexique ; c'est là une chose déplorable
pour la France. (Interruption.) Nos troupes sont ainsi
mises à la solde d'un prince étranger ; elles obéiront
à une politique étrangère ; elles pourront être engagées dans des entreprises, dans des aventures, dans
des périls. »

Ici M. Rouher est amené de nouveau à
prendre la parole, et cette fois il donne à la
convention, et aux interprétations qu'elle
peut justement provoquer, leur place légitime.

« Il faut traiter une fois encore la question du
Mexique. L'honorable M. Jules Favre vous a dit que
le traité conclu avec l'empereur Maximilien violait
les engagements que nous avions pris devant vous ;
il vous a parlé des menaces d'intervention américaine suspendues comme une épée de Damoclès sur
le nouvel empire mexicain.

» Pendant que j'entendais les éloges ironiques donnés à l'éloquence des orateurs du gouvernement lorsqu'ils faisaient le tableau des prospérités promises
et déjà assurées au Mexique, peu touché de cette iro-

nie, je lisais patiemment le courrier du Mexique, qui me parvient à l'instant. Voici ce que je lisais :

« La situation générale du Mexique s'améliore chaque jour à mesure que les masses comprennent et apprécient mieux les vues généreuses de l'empereur à leur égard. La résistance, localisée sur quelques points, a désormais perdu toute couleur nationale. Les bandes s'enfuient à l'approche de nos troupes, et chaque fois qu'on les surprend, elles sont taillées en pièces. C'est de plus en plus une question de brigandage dont souffrent cruellement les populations inoffensives, mais dont on viendra à bout par un système de police bien organisé.

» Depuis un mois ou deux surtout, on s'aperçoit que la confiance renaît. La capitale voit affluer de toutes parts des gens de toutes classes et de toutes opinions qui s'y croisent et s'y rencontrent, oubliant leurs inimitiés et tendant à se confondre dans un même sentiment : l'oubli du passé, la foi dans l'avenir. Dans ces conditions, avec l'appui du gouvernement de l'empereur et l'aide des capitaux européens, le Mexique ne peut manquer d'entrer promptement dans une voie de prospérité nationale dont l'Europe sera la première à profiter. »

QUELQUES VOIX : La signature ?

S. EXC. M. ROUHER, ministre d'Etat : C'est signé de M. de Montholon.

Gardons-nous de jeter, par des réflexions intempestives, une ombre sur ce brillant tableau ! Le ministre continue :

« Mais, a-t-on dit, le traité contient des engagements contraires à nos déclarations. Que dit le traité ? D'abord, le corps d'armée sera réduit à 25,000 hommes. L'expédition est terminée, et le retour de nos troupes, jusqu'à concurrence de 10,000 hommes, sera effectué d'ici au 1er janvier 1865. Quant aux autres 15,000 hommes, nous déclarons qu'ils resteront temporairement au Mexique pour sauvegarder les intérêts de la France, les intérêts qui ont motivé notre intervention.

M. GUÉROULT : Veuillez lire le traité, monsieur le ministre. (Bruit.)

S. EXC. M. ROUHER, ministre d'Etat : Je ne l'ai pas ; mais si l'honorable M. Guéroult veut me le remettre, j'en donnerai lecture à la Chambre.

M. GUÉROULT : Je ne l'ai pas non plus ; mais je crois que la fixation de l'époque du retour de nos troupes est laissée à l'appréciation de l'empereur Maximilien.

S. EXC. M. ROUHER, ministre d'État : L'honorable M. Guéroult se trompe, et je vais, de mémoire, rétablir sinon le texte, du moins le sens formel du traité.

L'article 1er indique que le corps d'armée sera réduit à 25,000 hommes et qu'il restera temporairement au Mexique pour sauvegarder les intérêts qui ont motivé notre intervention.

Ainsi 25,000 hommes resteront au Mexique temporairement, c'est à dire tant que les intérêts de la France l'exigeront, mais aucun délai ne nous est imposé. L'appréciation de ce délai appartiendra à la France.

Maintenant, est-ce que cette occupation pourra être indéfinie ? Non. L'empereur du Mexique se réserve le droit de demander le retour de nos troupes au fur et à mesure que l'armée du Mexique sera organisée.

» **M. GUÉROULT** : Mais nous ne pouvons y rester jusque-là ! (Bruit.)

» **UNE VOIX** : N'interrompez pas !

» **S. EM. M. ROUHER**, ministre d'Etat : M. Guéroult connaît-il les faits ? Sait-il qu'au Mexique il y a déjà une armée nationale de 25,000 hommes, et ne voit-il pas qu'il y a un intérêt commun à faire cesser le plus tôt possible une occupation onéreuse pour l'empereur du Mexique ? L'armée mexicaine s'organise. M. Berryer a déclaré hier qu'elle coûterait cette année 37 millions au gouvernement du Mexique. Elle existe donc. Nos soldats reviendront dès que nos intérêts n'exigeront plus leur présence. Chaque jour nous rapproche du moment de l'évacuation des troupes françaises, et le jour où elles reviendront sera salué par les deux gouvernements avec une égale satisfaction.

» Le traité ne contient rien qui soit la négation des déclarations faites au Corps législatif ; et que si quelques-uns voient avec peine la prolongation de notre séjour au Mexique, je m'en préoccupe peu, parce que ceux-là sont des révolutionnaires qui voudraient recommencer dans le pays les agitations du temps de Juarez. (Très bien ! très bien !) Le traité est à l'abri de toute critique. Il n'a rien que de conforme aux pensées exprimées par le Corps législatif dans l'adresse. (Très bien ! très bien !) »

Ainsi M. Rouher n'admettait pas, en 1864, que l'on pût, *sans être des révolutionnaires avides de recommencer dans le pays les agitations du temps de Juarez*, voir avec peine la prolongation de notre séjour au Mexique ; ce qui voulait dire que, malgré l'apaisement des passions, la pacification des esprits, la prospérité croissante de l'empire mexicain ; malgré les brillants tableaux qu'il venait lui-même de mettre en lumière, le rappel prochain de notre armée n'était pas possible.

XIV

Heureusement que l'année 1865 devait, par la sérénité des perspectives officiellement ouvertes, démentir les noires et discrètes appréhensions de 1864.

En effet, sur le seuil même de 1865, nous nous trouvons en présence d'un vœu, d'une espérance et d'une promesse ; le vœu, il est dans l'adresse de 1865, qui s'exprime ainsi :

« Le Corps législatif croit, comme vous, sire, que les nations les plus sagement gouvernées ne sauraient se flatter d'échapper toujours à des complications extérieures, et qu'elles doivent les apprécier sans illusions comme sans faiblesse. Les expéditions lointaines de Chine, de Cochinchine et du Mexique, qui se sont succédé, ont effectivement inquiété beaucoup d'esprits en France, à cause des obligations et des sacrifices qu'elles entraînent. Nous reconnaissons qu'elles doivent inspirer au loin le respect de nos nationaux et du pavillon français, et qu'elles peuvent aussi développer notre commerce maritime; mais nous serons heureux de voir se réaliser prochainement les bons résultats que Votre Majesté nous fait espérer. »

L'espérance, elle est dans l'Exposé de la situation de l'empire de la même année, où nous trouvons les lignes suivantes :

« L'empereur Maximilien a pris possession de la couronne qui lui avait été offerte par le vœu national, et son arrivée dans ses États a mis heureusement fin à la situation provisoire du Mexique........

. . . .

La pacification d'une aussi vaste contrée où le brigandage, mettant à profit la permanence des dissensions intestines, s'était constamment abrité sous le drapeau d'un parti politique, ne pouvait s'accomplir en un jour. Elle s'achève néanmoins rapidement, grâce à l'activité et au courage de nos soldats dans des expéditions qui les ont conduits sur les points les plus opposés du territoire. Aussi la rentrée en France des hommes qu composent notre effectif a-t-elle déjà commencé, et elle suivra son cours dans la mesure que nous indiquera notre sollicitude pour les intérêts qui nous ont amenés au Mexique. »

La promesse, elle est dans cette déclaration solennelle du discours impérial pour la session de 1865 :

« Livrons-nous sans inquiétude aux travaux de la paix.

« Au Mexique, le nouveau trône se consolide, le pays se pacifie, ses immenses ressources se développent : heureux effet de la valeur de nos soldats, du bon sens de la population mexicaine, de l'intelligence et de l'énergie du souverain !

« Ainsi toutes nos expéditions touchent à leur fin : nos troupes de terre ont évacué la Chine ; la marine suffit à maintenir nos établissements de Cochinchine ; notre armée d'Afrique va être réduite, celle du Mexique rentre déjà en France ; la garnison de Rome reviendra bientôt, et, en fermant le temple de la guerre, nous pourrons, avec fierté, inscrire sur un nouvel arc de triomphe ces mots : A LA GLOIRE DES ARMÉES FRANÇAISES POUR LES VICTOIRES REMPORTÉES EN EUROPE, EN ASIE, EN AFRIQUE ET EN AMÉRIQUE. »

XV

CONCLUSION.

Depuis le discours prononcé le 22 janvier par l'Empereur, la situation ne s'est ni transformée, ni détendue. L'Empereur annonce qu'une entente est négociée entre la France et le Mexique en vue d'une prochaine évacuation. Mais les récentes dépêches du gouvernement américain montrent que ce qu'il faut poursuivre, c'est moins une entente avec le Mexique, qu'une entente avec les États-Unis.

La question reste donc toujours posée dans les mêmes termes et elle porte à la fois, pour la France, sur la nécessité et sur les moyens de se dégager. La nécessité, elle résulte de la situation elle-même, et quant aux moyens, on peut les puiser, par voie de déduction, dans les incidents diplomatiques de l'expédition, dans les déceptions qui l'ont si douloureusement marquée, et enfin dans le travail que je livre en ce moment au public.

Paris. — Imprimerie SERRIÈRE, rue Montmartre, 123.